SUR L'EAU

Un livre de la collection Les racines de Crabtree

CHRISTINA EARLEY

Crabtree Publishing
crabtreebooks.com

Soutien de l'école à la maison pour les parents, les gardiens et les enseignants

Ce livre aide les enfants à se développer grâce à la pratique de la lecture. Voici quelques exemples de questions pour aider le lecteur ou la lectrice à développer ses capacités de compréhension. Les suggestions de réponses sont indiquées en rouge.

Avant la lecture

- De quoi ce livre parle-t-il?
  - *Je pense que ce livre parle des véhicules qui vont sur l'eau.*
  - *Je pense que ce livre parle des types de véhicules qui se déplacent sur l'eau.*

- Qu'est-ce que je veux apprendre sur ce sujet?
  - *Je veux savoir quels types de véhicules on peut utiliser sur l'eau.*
  - *Je veux apprendre les différents types de véhicules qui se déplacent sur l'eau.*

Pendant la lecture

- Je me demande pourquoi...
  - *Je me demande pourquoi un voilier est équipé d'une voile.*
  - *Je me demande pourquoi un bateau de pêche est différent d'un canot.*

- Qu'est-ce que j'ai appris jusqu'à présent?
  - *J'ai appris que les motomarines se déplacent sur l'eau.*
  - *J'ai appris que les gens utilisent des canots pour se déplacer sur l'eau.*

Après la lecture

- Nomme quelques détails que tu as retenus.
  - *J'ai appris que différents types de véhicules sont utilisés sur l'eau.*
  - *J'ai appris que les gens ont des véhicules particuliers pour les aider à se déplacer sur l'eau.*

- Lis le livre à nouveau et cherche les mots de vocabulaire.
  - *Je vois le mot **motomarine** à la page 7 et le mot **canot** à la page 8. Les autres mots de vocabulaire se trouvent à la page 14.*

Les gens se déplacent sur l'eau.

Voici un **voilier**.

Bombardier
AZ 7859 AW
SEA-DOO

Voici une
motomarine.

Voici un **canot**.

8

Voici un **bateau de pêche**.

Les gens aiment voguer sur l'eau.

Liste de mots

Mots courants

aiment	se	une
eau	sur	voguer
les	un	voici

La boîte à mots

bateau de pêche

canot

motomarine

voilier

26 mots

Les gens se déplacent sur l'eau.

Voici un **voilier**.

Voici une **motomarine**.

Voici un **canot**.

Voici un **bateau de pêche**.

Les gens aiment voguer sur l'eau.

LES CHOSES QUI VONT...

SUR L'EAU

Crabtree Publishing

crabtreebooks.com 800-387-7650

Au Canada : Nous reconnaissons l'appui financier du gouvernement du Canada par l'entremise du Fonds du livre du Canada pour nos activités de publication.

Autrice : Christina Earley
Conception : Rhea Wallace
Développement de la série : James Earley
Correctrice : Janine Deschenes
Conseils pédagogiques : Marie Lemke M.Ed.
Traduction : Annie Evearts

Références photographiques : Shutterstock : Tom Whitney : couverture, p. 1; Brocreative : p. 3; DeVisu : p. 5, 14; Dcornelius : p. 6, 14; Romaiana Lee : p. 8, 14; photomatz : p. 11, 14; Suzanne Tucker : p. 13

Imprimé au Canada/102023/CPC20231020

Publié au Canada
Crabtree Publishing
616 Welland Avenue
St. Catharines, Ontario
L2M 5V6

Publié aux États-Unis
Crabtree Publishing
347 Fifth Avenue
Suite 1402-145
New York, NY 10016

Paperback	978-1-0396-0706-4
Ebook (pdf)	978-1-0396-0711-8
Epub	978-1-0396-0716-3
Read-along	978-1-0396-0721-7
Audio book	978-1-0396-0726-2

Catalogage avant publication de Bibliothèque et Archives Canada

Titre: Sur l'eau / Christina Earley ; texte français d'Annie Evear
Autres titres: On the water. Français.
Noms: Earley, Christina, auteur.
Description: Mention de collection: Les choses qui vont... | Les rac
de Crabtree | Traduction de : On the water. | Comprend un in
Identifiants: Canadiana (livre imprimé) 20210258810 |
Canadiana (livre numérique) 20210258829 |
ISBN 9781039607064 (couverture souple) |
ISBN 9781039607118 (HTML) |
ISBN 9781039607163 (EPUB) |
ISBN 9781039607217 (livre numérique avec narration)
Vedettes-matière: RVM: Bateaux—Ouvrages pour la jeunesse.
RVM: Navigation de plaisance—Ouvrages pour la jeunesse
RVMGF: Documents pour la jeunesse.
Classification: LCC GV775.3 .E2714 2022 | CDD j797.1—dc23